CATALOGUE

estimatif

des Ouvrages de Librairie

dépendant de la Succession de

M. l'Abbé Migne

D'après l'Inventaire dressé par M. Mes Duluard et Bezanson

Notaires à Paris, le 12 Novembre 1875 et jours suivants,

et d'après l'Expertise faite par

Me A. Labitte,

Libraire, Rue de Lille, N°4.

assistant Me Béguin, Commissaire-Priseur.

L'Estimation portée en ce Catalogue servira de base à la
Vente des Volumes qui doit avoir lieu prochainement et formera le
Prix d'Expertise moyennant lequel l'Acquéreur du fonds de M^e
Migne sera obligé de prendre, en sus de son Prix d'Adjudication, les
Ouvrages dépendant de la Succession.

1876.

Imp. Caillet, 45, Rue Jacob.

Catalogue

estimatif

des Ouvrages de Librairie

dépendant de la Succession de

Mr l'Abbé Migne,

D'après l'Inventaire dressé par M. M.es Duluard et Bezanson

Notaires à Paris, le 12 Novembre 1875 et jours suivants,

et d'après l'Expertise faite par

Mr A. Labitte,

Libraire, Rue de Lille, N.° 4,

assistant Mr Béguin, Commissaire-Priseur.

L'Estimation portée en ce Catalogue servira de base à la
Vente des Volumes qui doit avoir lieu prochainement et formera le
Prix d'Expertise moyennant lequel l'Acquéreur du fonds de M.r
Migne sera obligé de prendre, en sus de son Prix d'Adjudication, les
Ouvrages dépendant de la Succession.

1876

Détail et estimation des Volumes.

§ I.er
Patrologie Latine.

222 volumes (Le tome 222, 5.e des tables n'a jamais paru).

Ordre général des Ouvrages	Connexion	Auteurs formant la Collection	Nombre des tomes de Chaque ouvrage	Nombre de Volumes de Chaque tome	Total des Volumes	Volumes formant des exemplaires complets	Volumes dépareillés	Estimation par volume	Estimation Totale	Estimation Réunion		Volumes avariés portés pour mémoire	Volumes reliés
1	1	Tertullien	I	145	170	50	"	1. ..	50	74	"	25	2
	2		II	25			120	. 20	24			15	2
2	3	Saint-Cyprien	I	115	260	230	"	1. ..	230	236	"	20	2
	4		II	145			30	. 20	6			20	2
3	5	Arnobe	I	330	330	330	"	1. ..	330	330	"	"	2
4	6	Lactance	I	320	650	640	"	. 75	480	482	"	"	2
	7		II	330			10	. 20	2			"	2
5	8	Constantin	I	295	295	295	"	i. ..	"	295	"	"	"
6	9	Saint-Hilaire	I	275	560	550	"	. 80	440	442	"	"	"
	10		II	285			10	. 20	2			"	1
7	11	St Zénon et St Optat	I	350	350	350	"	. 75	"	262	50	"	3
8	12	St Eusèbe de Verceil	I	420	420	420	"	. 60	"	252	"	"	3
9	13	Saint Damase	I	320	320	320	"	. 75	"	240	"	"	2
	14	Saint Ambroise	I	35	140	"	"	"	"	"	"	30	3
10	15		II	95		"	140	. 20	"	28	"	30	3
	16		III	10		"		"	"		"	10	3
	17		IV	"		"		"	"		"	"	3
11	18	Ulphilas	I	230	230	230	"	. 75	"	172	50	"	"
12	19	Poëtes chrétiens	I	380	380	380	"	. 55	"	209	"	"	1
13	20	Ecrivains du 5.e Siècle	I	340	340	340	"	. 60	"	204	"	"	2
14	21	Rufin	I	"	"	"	"	"	"	"	"	"	"
	22		I	"								20	1
	23		II	60								20	1
	24		III	320								15	"
	25		IV	60								15	"
15	26	Saint Jérôme	V	70	1.320	"	1.320	. 20	"	264	"	45	1
	27		VI	230								65	"
	28		VII	95								20	"
	29		VIII	255								20	"
	30		IX	230								20	"
16	31	Dexter et Orose	I	235	235	235	"	. 60	"	141	"	20	2
	32		I	"								"	"
	33		II	160								70	"
	34		III	125								20	1
	35		IV	220								20	1
	36		V	220								20	"
	37		VI	250								15	"
	38		VII	270								10	"
16½	39	Saint Augustin	VIII	305								10	"
	40		IX	115	3.145	"	3.145	. 20	"	629	"	35	"
	41		X	190								"	1
	42		XI	110								40	"
	43		XII	300								25	1
	44		XIII	230								20	"
	45		XIV	315								15	"
	46		XV	335								"	"
	47		XVI	"								"	"
17	48	Marius Mercator	I	295	295	295	"	. 70	"	206	50	15	1
		À Reporter			9.440	4.665	4.775			4.467	50	725	48

Ordre général des ouvrages	Connaison	Auteurs formant la Collection	Nombre des tomes de chaque ouvrage	Nombre de Volumes de chaque tome	Total des Volumes	Volumes formant des exemplaires complets	Volumes dépareillés	Estimation par Volume	Estimation Totale	Estimation Réunion	Volumes avariés portés pour mémoire	Volumes reliés
		Report			9.440	4.665	4.775			4.467,50	725	48
18	49	Cassien	I	1.034		790	"	.50	395			
	50		II	395	1.429	"	639	.20	127,80	522,80	"	2
19	51	Saint Prosper	I	210	210	210	"	.75	"	157,50	"	2
20	52	St Pierre Chrysologue	I	145	145	145	"	1..	"	145	.	1
21	53	Salvien	I	375	375	375	"	.80	"	300	40	3
22	54		I	25		75	"	1..	75		20	2
	55	Saint Léon	II	80	335	"	"	"		127	40	"
	56		III	230		"	260	.20	52		120	2
23	57	Maxime de Turin	I	510	510	510	"	.60	"	306	30	1
24	58	Saint Hilaire, pape	I	405	405	405	"	.65	"	263,25	"	2
25	59		I	330		610	"	1..	610		20	2
	60	Prudence	II	305	635	"	25	.20	5	615	10	5
26	61	Saint Paulin de Nole	I	215	215	215	"	.80	"	172	"	1
27	62	Symmaque	I	345	345	345	"	.75	"	258,75	10	1
28	63		I	50		100	"	1..	100		10	4
	64	Boëce	II	100	150	"	50	.20	10	110	55	1
29	65	Saint Fulgence	I	100	100	100	"	.70	"	70	25	"
30	66	Saint Benoît	I	505	505	505	"	.65	"	328,25	30	2
31	67	Denis le petit	I	500	500	500	"	.50	"	250	10	2
32	68	Arator	I	780	780	780	"	.40	"	312	"	"
33	69		I	350		600	"	.50	300			"
	70	Cassiodore	II	300	650	"	50	.20	10	310	"	"
34	71	Saint Grégoire de Tours	I	612	612	612	"	1..	"	612	"	1
35	72	Saint Germain de Paris	I	5	5	5	"	2..	"	10	"	1
36	73		I	"							"	1
	74	Vies des Pères	II	110	110	"	110	.20	"	22	"	1
37	75		I	230							"	1
	76		II	"							"	1
	77	Saint Grégoire le Grand	III	215	920	"	920	.20	"	184	10	1
	78		IV	230							"	2
	79		V	245							"	2
38	80	Écrivains du VIIᵉ Siècle, 1ᵉ Partie	I	555	555	555	"	.60	"	333	"	1
39	81		I	650							"	3
	82		II	"							"	1
	83	Saint Isidore de Séville	III	370	1.665	"	1.665	.20	"	333	70	3
	84		IV	645							"	2
40	85		I	450		290		1..	290		20	1
	86	Liturgie Mozarabe	II	145	595	"	305		61	351	85	"
41	87	Écrivains de la fin du VIIᵉ Siècle	I	225	225	225	"	.80	"	180	75	"
42	88	Venantius, Fortunatus	I	210	210	210	"	1..	"	210	5	1
43	89	Écrivains du VIIIᵉ Siècle	I	335	335	335	"	.65	"	217,75	80	2
44	90		I	195							5	2
	91		II	285							"	"
	92		III	305		1.170		1..	1.170		"	1
	93	Le Vénérable Bède	IV	285	1.635	"	465	.20	93	1.263	"	"
	94		V	300							"	"
	95		VI	265							"	"
45	96	Saint Ildefonse	I	215	215	215	"	.55	"	118,25	"	"
46	97		I	420		720	"	1..	720		"	"
	98	Charlemagne	II	360	780	"	60	.20	12	782	"	"
47	99	Saint Paulin d'Aquilée	I	435	455	455	"	.80	"	364	"	"
		A Reporter			25.046	15.722	9.324			13.645,05	1505	109

Ordre général des Ouvrages	Tomaison	Auteurs formant la Collection	Nombre des tomes de chaque ouvrage	Nombre de volumes de chaque tome	Total des volumes	Volumes formant des exemplaires complets	Volumes dépareillés	Estimation par volume	Estimation Totale		Estimation Réunion		Volumes avariés portés pour mémoire	Volumes reliés
		Report			25.046	15.722	9.324				13.645	05	1505	109
48	100	Alcuin	I	455	720	530	"	" 80	424	"	462	"	"	1
	101		II	265		.	190	" 20	38	.			"	
49	102	Smaragde	I	732	732	732	"	" 45	"		329	40	"	1
50	103	St Benoît d'Aniane	I	335	335	335	"	" 60	"		201		"	"
51	104	Eginhard	I	300	300	300	"	" 65	"		195		"	"
52	105	Théodulfe d'Orléans	I	325	325	325	"	" 60	"		195		"	"
53	106	Ecrivains du IXme Siècle	I	450	450	450	"	" 60	"		270		"	1
	107		I	380									"	
	108		II	595									"	
54	109	Raban Maur	III	565	2.325	"	2.325	" 20	465	"	465	"	"	
	110		IV	500									"	1
	111		V	285									"	
	112		VI	"									"	
55	113	Walafride Strabon	I	"	"	"	"	"	"	"	"	"	2	"
	114		II	"		.								
56	115	St Euloge et St Prudence	I	25	25	25	"	2 "	"	"	50	"	"	"
	116		I	8		24	"	2 "	48	"			"	"
57	117	Haymon	II	20	43	"	"	"			51	80	"	"
	118		III	15		"	19	" 20	3	80			"	1
58	119	Flore, diacre et Loup de Ferrières	I	10	10	10	"	1.50	"	"	15	"	"	1
59	120	St Paschase Radbert	I	"	"	"	"	"	"	"	"	"	"	"
60	121	Ratramne	I	15	15	15	"	2 "	"	"	30	"	"	"
61	122	Jean Scot	I	365	365	365	"	" 80	"	"	292	"	"	"
	123		I	"	"	"	"	"	"	"	"	"	"	"
62	124	Martyrologe d'Usuard et d'Adon	II	"	"	"	"	"	"	"	"	"	"	"
	125		I	"	"	"	"	"	"	"	"	"	"	"
63	126	Hincmar	II	"	"	"	"	"	"	"	"	"	"	"
	127		I	"	"	"	"	"	"	"	"	"	"	"
64	128	Anastase, Bibliothécaire	II	"	"	"	"	"	"	"	"	"	"	"
	129		III	"	"	"	"	"	"	"	"	"	"	"
65	130	Isidore Mercator	I	4	4	4	"	3.	"	"	12	"	"	"
66	131	Remy d'Auxerre	I	50	50	50	"	1.	"	"	50	"	"	"
67	132	Reginon	I	25	25	25	"	1.	"	"	25	"	"	"
68	133	Saint Odon	I	30	30	30	"	1.	"	"	30	"	"	"
69	134	Alton	I	50	50	50	"	1.	"	"	50	"	"	"
70	135	Flodoard	I	2	2	2	"	3.	"	"	6	"	"	1
71	136	Rathier	I	20	20	20	"	2.	"	"	40	"	"	"
72	137	Hrotswithe	I	"	"	"	"	"	"	"	"	"	"	"
73	138	Richer	I	20	20	20	"	2.	"	"	40	"	"	1
74	139	Sylvestre II	I	6	6	6	"	3.	"	"	18	"	"	"
75	140	Burchard	I	6	6	6	"	3.	"	"	18	"	"	1
76	141	Fulbert	I	25	25	25	"	2.	"	"	50	"	"	1
77	142	Saint Brunon	I	25	25	25	"	2.	"	"	50	"	"	1
78	143	Cardinal Humbert	I	50	50	50	"	1.	"	"	50	"	"	1
79	144	Saint Pierre Damien	I	580	1.152	1.144		" 50	572		573	60	"	
	145		II	572		.	8	" 20	1	60			60	
80	146	Alexandre II, pape	I	50	50	50	"	1.	"	"	50		"	"
81	147	Jean d'Avranches	I	5	5	5	"	3.	"	"	15		"	"
82	148	Saint Grégoire VII	I	"	"	"	"	"	"	"	"		"	"
83	149	Victor III, pape	I	40	40	40	"	1.	"	"	40		"	"
84	150	Le bienheureux Lanfranc	I	10	10	10	"	3.	"	"	30		"	"
		A Reporter			22.261	20.395	11.866				17.348	85	1507	121

Ordre général des ouvrages	Condition	Auteurs formant la Collection	Nombre des tomes de chaque ouvrage	Nombre des volumes de chaque tome	Total des volumes	Volumes formant des exemplaires complets	Volumes dépareillés	Estimation par volume	Estimation Totale	Estimation Réunion	Volumes avariés portés pour mémoire	Volumes reliés
		Report			32.261	20.395	11.866			17.348. 85	1507	121
85	151	Urbain II, pape	I	40	40	40	"	1. "	"	40	"	"
86	152	Saint-Bruno	I	"	10	"	10	. 20	"	2	"	1
	153		II	10								
87	154	Hugues de Flavigny	I	30	30	30	"	1. 50	"	45	"	"
88	155	Godefroy de Bouillon	I	15	15	15	"	2. "	"	30	"	1
89	156	Guibert de Nogent	I	10	10	10	"	3. "	"	30	"	"
90	157	Godefroy de Vendôme	I	145	145	145	"	1. "	"	145	"	"
91	158	St Anselme de Cantorbéry	I	330	580	500	"	. 65	325	341	"	"
	159		II	250		"	80	. 20	16			
92	160	Sigebert de Gembloux	I	8	8	8	"	2. "	"	16	"	"
93	161	St Yves de Chartres	I	95	180	170	"	1. "	170	172	"	"
	162		II	85		"	10	. 20	2			
94	163	Pascal II, pape	I	115	115	115	"	1. "	"	115	"	1
95	164	Saint Bruno d'Asti	I	45	200	90	"	1. "	90	112	"	1
	165		II	155		"	110	. 20	22			
96	166	Baudri de Dol	I	130	130	130	"	. 75	"	97. 50	"	"
97	167	Rupert	I	140							"	
	168		II	120	510	480	"	1. "	480	486		1
	169		III	130		"	30	. 20	6			
	170		IV	120								
98	171	Saint Hildebert	I	140	140	140	"	. 80	"	112	"	"
99	172	Honoré d'Autun	I	140	140	140	"	. 80	"	112	"	2
100	173	Leo Marsicanus	I	160	160	160	"	. 80	"	128	"	2
101	174	Vénérable Godefroid	I	275	275	275	"	. 45	"	123. 75	"	1
102	175	Hugues de Saint-Victor	I	"	"	"	"	"	"	"	"	1
	176		II	"	"	"	"	"	"	"	"	"
	177		III	"	"	"	"	"	"	"	"	2
103	178	Abailard	I	75	75	75	"	1. "	"	75	"	2
104	179	Innocent II, pape	I	150	150	150	"	. 80	"	120	"	"
105	180	Eugène III, pape	I	165	165	165	"	. 80	"	132	"	2
106	181	Hervée du Bourg Dieu	I	170	170	170	"	. 80	"	136	"	5
107	182	Saint Bernard	I	"	"	"	"	"	"	"	"	"
	183		II	"	"	"	"	"	"	"	"	"
	184		III	"	"	"	"	"	"	"	"	"
	185		IV	"	"	"	"	"	"	"	"	1
108	186	Suger de St Denis	I	145	145	145	"	. 80	"	116	"	5
109	187	Gratien	I	135	135	135	"	. 80	"	108	"	3
110	188	Orderic Vital	I	140	140	140	"	. 80	"	112	"	"
111	189	Pierre le Vénérable	I	110	110	110	"	. 80	"	88	"	1
112	190	Thomas Becquet	I	145	145	145	"	. 80	"	116	"	1
113	191	Pierre Lombard	I	20	55	40	"	1. "	40	43	"	"
	192		II	35		"	15	. 20	3			
114	193	Gerhohus	I	205	400	390	"	. 80	312	314	"	"
	194		II	195		"	10	. 20	2			
115	195	Aelred de Riewall	I	255	255	255	"	. 70	"	178. 50	"	"
116	196	Richard de St Victor	I	20	20	20	"	2. "	"	40	"	"
		A Reporter			36.914	24.783	12.131			21.034. 60	1507	154

Patrologie latine (Suite).

Ordre général des ouvrages	Estimation	Auteurs formant la Collection	Nombre des tomes de chaque ouvrage	Nombre de volumes de chaque tome	Total des Volumes	Volumes formant des exemplaires complets	Volumes dépareillés	Estimation par volume	Estimation Totale	Réunion	(c)	volumes avariés portés pour mémoire	volumes reliés
		Report	•		36.914	24.783	12.131			21.034	60	1507	154
117	197	Sainte Hildegarde	I	60	60	60	"	1. "		60	"	"	"
118	198	Pierre le Mangeur	I	235	235	235	"	. 75		176	25	"	"
119	199	Jean de Salisbury	I	210	210	210	"	1. "		210	"	"	"
120	200	Alexandre III	I	225	225	225	"	1. "		225	"	"	"
121	201	Guillaume de Tyr	I	245	245	245	"	. 80		196	"	"	"
122	202	Pierre de Celle	I	265	265	265	"	. 70		185	50	"	"
123	203	Philippe de Bonne-Espérance	I	305	305	305	"	. 65		198	25	"	"
124	204	Clément III	I	285	285	285	"	. 70		199	50	"	1
125	205	Pierre le Chantre	I	308	308	308	"	. 65		200	20	"	"
126	206	Thomas de Cîteaux	I*	290	290	290	"	. 70		203	"	"	"
127	207	Pierre de Blois	I	220	220	220	"	. 75		165	"	"	"
128	208	Saint Martin de Léon	I	305	605	600	"	. 60	360	361	"	"	1
	209		II	300		"	5	. 20	1			"	"
129	210	Alain de Lille	I	275	275	275	"	. 70		192	50	"	"
130	211	Etienne de Tournay	I	275	275	275	"	. 70		192	50	"	1
131	212	Odon de Sully	I	305	305	305	"	. 60		183	"	"	"
132	213	Sicard	I	265	265	265	"	. 70		185	50	"	"
133	214	Innocent III	I	155	590	520	"	. 80	416	430	"	"	"
	215		II	165			70	. 20	14			"	"
	216		III	140								"	"
	217		IV	130								"	"
134	218	Indices	I	155	615	"	615	. 20		123	"	"	1
	219		II	"								"	2
	220		III	235								"	"
	221		IV	225								"	
	222		V	"								"	
					42.492	29.671	12.821			24.720	90	1507	160

	Volumes.	Estimation
Volumes en magasin	42.492	24.720 f 90
Volumes reliés	160	80 f "
Total	42 652	24.800 f 90

Volumes avariés (pour mémoire) 1.507.

Patrologie gréco-latine

162 tomes répandus en 167 volumes (le tome 162 n'a jamais paru).

(Outre les volumes en vélin indiqués, il existe 6 exemplaires complets en vélin, de tous les volumes de cette Collection).

Ordre général des ouvrages	Tomaison	Auteurs formant la Collection	Nombre des tomes de chaque ouvrage	Nombre de volumes de chaque tome	Total des volumes	Volumes formant des exemplaires complets	Volumes dépareillés	Estimation par volume	Estimation Totale	(c.)	Estimation Réunion	(c.)	Volumes reliés portés pour mémoire	Volumes divers en vélin	Volumes reliés
135	1	Pères Apostoliques	I	"	"	"	"	"	"		"		"	70	1
	2		II	"	"	"	"	"	"		"		"	65	1
136	3	St Denis l'Aréopagite	I	30	70	60	10	3. .	180		182		"	80	"
	4		II	40		"		. 20	2				"	85	"
137	5	St Ignace et St Polycarpe	I	35	35	35	"	2 .	"		70		"	80	"
138	6	Saint Justin	I	"	"	"	"	"	"		"		"	48	"
139	7	Saint Irénée	I	"	"	"	"	"	"		"		"	30	"
140	8	Clément d'Alexandrie	I	30	50	40	10	3...	120		122		"	80	"
	9		II	20		"		. 20	2				"	85	"
141	10	St Grégoire Thaumaturge	I	155	155	155	"	1 .	"		155		"	80	1
142	11	Origène	I	105									"	80	"
	12		II	678									"	34	"
	13		III	683									"	32	"
	14		IV	705		945	"	1 .	945		1.674	80	"	30	"
	15		V	110	4.594								"	80	2
	16		VI	791		3.649	. 20	729	80			"	84	"
	16bis		VII	708									"	28	"
	16ter		VIII	744									"	12	"
	17		IX	120									"	32	"
143	18	Saint Méthode	I	185	185	185	"	. 80	"		148		"	70	"
144	19	Eusèbe	I	150									"	80	1
	20		II	126									"	80	1
	21		III	120		720	"	1. .	720		750	20	"	80	"
	22		IV	160	871	"	151	. 20	30	20			"	80	"
	23		V	155									"	80	"
	24		VI	160									"	75	"
145	25	Saint Athanase	I	2									"	80	"
	26		II	25		8	"	3. .	24		32	80	"	80	"
	27		III	10	52	"	44	. 20	8	80			"	84	"
	28		IV	15									"	85	"
146	29	Saint Basile	I	"									"	63	1
	30		II	15									"	78	1
	31		III	"	15	"	15	. 20	"		- 3	"	"	55	1
	32		IV	"									"	60	2
147	33	St Cyrille de Jérusalem	I	55	55	55	"	1.50	"		82	50	"	70	"
148	34	Saint Macaire	I	130	130	130	"	1. .	"		130	"	"	27	"
149	35	St Grégoire de Naziance	I	"									"	65	1
	36		II	"									"	60	1
	37		III	536		"	1.039	. 20	"		207	80	"	27	1
	38		IV	503	1.039								40	27	1
150	39	Didyme d'Alexandrie	I	754	754	754	"	. 30	"		226	20	"	22	1
151	40	Pères du Désert	I	485	485	485	"	. 80	"		388	"	"	11	1
152	41	Saint Epiphane	I	770		2.265	.	. 50	1.132	50			"	18	"
	42		II	755	2.292	"					1.137	90	"	26	"
	43		III	767		"	27	. 20	5	40			"	16	"
À Reporter					10.782	5.837	4.945				5.310	20	40	2604	18

Ordre général des ouvrages	Estimation	Auteurs formant la Collection	Nombre des Tomes de chaque ouvrage	Nombre de Volumes de chaque Tome	Total des Volumes	Volumes formant des exemplaires complets	Volumes dépareillés	Estimation par Volume	Estimation Totale	Estimation Réunion	Volumes avariés portés pour mémoire	Volumes divers en vélin	Volumes reliés
		Report			10.782	5.837	4.945			5.310 20	40	2604	18
	44	Saint Grégoire de Nysse	I	425		1.273		60	765		35	16	
153	45		II	739	1.914					892 80		8	
	46		III	750			639	20	127 80			12	2
	47	Saint Chrysostome	I	540									
	48		II	500							5	20	
	49		III	515								20	
	50		IV	555								20	1
	51		V	550								30	
	52		VI	510								26	
	53		VII	555								26	
	54		VIII	550								18	
	55		IX	564		8.460		50	4.230			18	1
154	56		X	554	9.640		1.180	20	236	4.466		22	
	57		XI	540								28	
	58		XII	540								24	
	59		XIII	533								26	
	60		XIV	529								14	
	61		XV	526								28	
	62		XVI	470							48	20	1
	63		XVII	556								22	
	64		XVIII	553								12	
155	65	Proclus et Pallade	I	672	672	672		50		336		16	1
156	66	Synesius et Théodore de Mopsueste	I	790	790	790		60		474		26	2
157	67	Socrate et Sozomène	I	750	750	750		50		375		9	
	68		I	794		2.200		1.	2.200			20	
	69		II	665								11	
	70		III	589								24	
	71		IV	315								22	
	72	St Cyrille d'Alexandrie	V	800								22	
158	73		VI	745	5.983		3.733	20	746 60	2.946 60		28	1
	74		VII	785								26	
	75		VIII	520								16	
	76		IX	500								22	
	77		X	220								22	
159	78	St Isidore de Péluse	I	564	564	564		50		282		22	
160	79	Saint Nil	I	230	230	230		1.		230	125	24	
	80		I	815				1.				30	
	81		II	682		1.075			1.075			27	
161	82	Théodoret	III	894	3.388					1.537 60		16	
	83		IV	215			2.313	20	462 60			33	
	84		V	842								24	1
162	85	Basile de Séleucie	I	710	710	710		50		355		30	
163	86	St Eusèbe d'Alexandrie	I	820		1.210		80	968			28	2
	86 bis		II	605	1.425		215	20	48	1.011		22	2
	87		I	645		1.935		60	1.161			22	2
164	87 bis	Procope de Gaza	II	868	2.378					1.249 60		30	
	87 ter		III	865			443	20	88 60			24	
165	88	St Jean Climaque	I	180	180	180		1.		180		28	1
166	89	Anastase le Sinaïte	I	825	825	825		50		412 50		22	2
		A Reporter			40.181	26.713	13.468			20.058 30	253	2.660	37

Ordre général des Ouvrages	Cotisation	Auteurs formant la Collection	Nombre des tomes de chaque ouvrage	Nombre de Volumes de Chaque tome	Total des volumes	Volumes formant des exemplaires complets	volumes dépareillés	Estimation par volume	Estimation Totale	Estimation Réunion	Volumes avariés portés pour mémoire	Volumes divers en vélin	Volumes reliés
		Report—			40.181	26.713	13.468			20.058 30	253	3.660	37
167	90	Saint Maxime	I	850	1.243	786		.60	471 60	563		30	
	91		II	393			437	.20	91 40			30	
168	92	Chronique d'Alexandrie	I	573	573	573		.50		286 50		28	
169	93	Olympiodore	I	870	870	870		.40		348		30	
170	94	St Jean Damascène	I	365	640	330		1.	330			24	
	95		II	165						392		23	1
	96		III	110			310	.20	62			24	
171	97	St André de Crète	I	757	757	757		.35		264 95		24	2
172	98	St Germain de Constantinople	I	220	220	220		.80		176		28	
173	99	St Théodore Studite	I	115	115	115		1.		115		28	1
174	100	St Nicéphore	I	617	617	617		.40		246 80		28	
	101		I	125								30	2
175	102	Photius	II	115	440	380		1.	380	392		26	
	103		III	95			60	.20	12			32	4
	104		IV	105								30	3
176	105	Les deux Nicétas	I	185	185	185		.90		166 50		19	2
177	106	André et Arétas	I	190	190	190		.90		171		32	2
178	107	Léon le Philosophe	I	190	190	190		.90		171		32	2
179	108	Théophane et ses continuateurs	I	190	405	380		.90	342	347		24	
	109		II	215			25	.20	5			7	
180	110	Georges Hamartolus	I	195	195	195		.90		175 50		28	
181	111	Nicolas de Constantinople	I	195	195	195		.90		175 50		30	
182	112	Constantin Porphyrogénète	I	105	290	210		1.	210	226		32	
	113		II	185			80	.20	16			30	
183	114	Siméon Métaphraste	I	170	405	300		1.	300	321		34	
	115		II	135								34	
	116		III	100			105	.20	21			16	
184	117	Léon, diacre	I	100	100	100		1.		100		26	
185	118	Œcumenius	I	56	56			.20		11 20	60	30	1
	119		II	"		56					60	12	1
186	120	Jean Euchaïte	I	"		"							
187	121	Cedrenus et Psellus	I	64	132	128		1.50	192	192 80	36	26	
	122		II	68			4	.20		80	12	18	
	123		I	"								30	
188	124	Théophylacte	II	"								27	
	125		III	215	351		351	.20		70 20	85	27	
	126		IV	136							12	30	
189	127	Nicéphore Bryenne	I	348	348	348		.70		243 60	12	34	
	128		I	200							10	22	
190	129	Euthyme et Comnène	II	104	964	416		1.	416	525 60	8	29	1
	130		III	295			548	.20	109 60		10	32	1
	131		IV	365							15	32	
191	132	Théophane Cérame	I	185	185	185		.80		148		32	1
192	133	Jean Cinname	I	150	150	150		1.		150	5	34	
193	134	Jean Zonaras	I	215	457	96		3.	288	360 20	35	30	
	135		II	32								32	
	136		III	210			361	.20	72 20			34	1
194	137	Balsamon	I	215	370	310		.70	217	229		26	1
	138		II	155			60	.20	12			32	
		À Reporter			50.824	34.939	15.885			26.626 65	613	4957	62

Table — Volumes et Estimation (colonnes de gauche : ouvrage et volumes)

Ordre général des ouvrages	Cotation	Auteurs formant la Collection	Nombre des tomes de chaque ouvrage	Nombre de Volumes de chaque tome	Total des volumes	Volumes formant les exemplaires Complets	volumes dépareillés
		Report			50.824	34.939	15.885
195	139	Nicétas Choniata	I	92			
	140		II	"	92	"	92
196	141	Veccus	I	"	"	"	"
197	142	Nicéphore Blemmide	I	"	"	"	"
198	143	Pachymères	I	56		112	
	144		II	168	224	"	112
199	145	Nicéphore Calliste	I	156		468	
	146		II	235	631	"	
	147		III	240		"	163
200	148	Nicéphore Grégoras	I	215		430	
	149		II	340	555	"	125
201	150	Grégoire Palamas	I	241		296	
	151		II	148	389	"	93
202	152	Manuel Calécas	I	330	330	330	"
203	153	Jean Cantacuzène	I	300		368	
	154		II	184	484	"	116
204	155	Siméon de Thessalonique	I	280	280	280	
205	156	Manuel Paléologue	I	310	310	310	
206	157	Codinus et Ducas	I	275	275	275	
207	158	Glycas	I	230	230	230	
208	159	Chalcocondyle	I	250	250	250	
209	160	Gennade	I	325	325	325	
210	161	Bessarion	I	210	210	210	
211	162	Suppléments et Indices	I	"	"	"	"
		Total			55.409	38.823	16.586

Table — Estimation et volumes divers (suite des mêmes lignes)

Cotation	Auteurs	Estimation par volume	Estimation Totale (fr.)	(c.)	Estimation Réunion (fr.)	(c.)	Volumes avariés portés pour mémoire	Volumes divers en vélin	Volumes reliés
	Report				26.626	65	613	4.957	62
139	Nicétas Choniata						.	34	.
140		" 20	"	"	18	40	72	30	"
141	Veccus	"	"	"	"	"	40	18	..
142	Nicéphore Blemmide	"	"	"	"	"	56	6	1
143	Pachymères	2 "	224	"			56	26	"
144		" 20	22	40	246	40	"	30	"
145	Nicéphore Calliste	" 80	374	40			8	36	"
146					407	"	"	32	1
147		" 20	32	60			20	30	"
148	Nicéphore Grégoras	" 80	344	..			"	30	1
149		" 20	25	..	369		"	32	"
150	Grégoire Palamas	1 "	296	"			35	32	"
151		" 20	18	60	314	60	8	32	"
152	Manuel Calécas	" 80	"	"	264	"	10	32	"
153	Jean Cantacuzène	" 80	294	40			10	32	"
154		" 20	23	20	317	60	4	32	"
155	Siméon de Thessalonique	1 "	"	"	280	"	5	32	"
156	Manuel Paléologue	1 "	"	"	310	"	"	30	"
157	Codinus et Ducas	1 "	"	"	275	"	5	32	"
158	Glycas	1 "	"	"	290	"	10	28	1
159	Chalcocondyle	1 "	"	"	250	"	"	32	"
160	Gennade	" 75	"	"	243	75	"	30	"
161	Bessarion	1 "	"	"	210	"	"	30	1
162	Suppléments et Indices	"	"	"	"	"	.	"	"
	Total				30.362	40	952	5.635	67

	Volumes.	Estimation.
Volumes en magasin	55.409	30.362 f 40
6 exemplaires complets en Vélin	966	9.660 f "
Vélins divers	5.635	2.817 f 50
Volumes reliés	67	335 f 50
Total	**62.077**	**42.873 f 40**

Avariés (pour mémoire) 952

Six exemplaires de cette Patrologie gréco-latine en papier-vélin restent complets en 161 volumes - Total, 966 volumes à 10 f. le volume = 9.660 francs.

§ IIIᵉ

Patrologie Grecque en latin seulement.

81 Volumes répandus en 85 Tomes.

2 Exemplaires Complets sont en Reliure.

Ordre général des Ouvrages	Numération	Auteurs formant la Collection	Nombre des tomes de chaque ouvrage	Nombre des Volumes de chaque Tome	Total des Volumes	Volumes formant les exemplaires complets	Volumes dépareillés	Estimation par volume	Estimation Totale	Estimation Réunion	Volumes avariés portés pour mémoire	Volumes reliés
212	1	Pères Apostoliques	I	505	505	505	"	« 40	" "	202 "	"	"
213	2	St Denis l'Aréopagite	I	1.141	1.141	1.141	"	« 30	" "	342 30	"	"
214	3	St Ignace et St Polycarpe	I	815	815	815	"	« 35	" "	285 25	"	"
215	4	Saint Justin	I	1.075	1.075	1.075	"	« 20	" "	215 "	"	"
216	5	Saint Irénée	I	750	750	750	"	« 35	" "	262 50	"	"
217	6	St Clément d'Alexandrie	I	582	582	582	"	« 70	" "	407 40	"	"
218	7	St Grégoire Thaumaturge	I	852	852	852	"	« 35	" "	298 20	48	"
	8		I	780							170	"
219	9	Origène	II	595	2.550	2.200	"	« 50	1.100 "	1.170 "	165	"
	10		III	625			350	« 20	70		160	"
	11		IV	550							245	"
	12		I	1122							60	"
220	13	St Méthode et Eusèbe	II	584	1.706	"	1.706	« 20	" "	341 20	208	"
	14		III	k							"	"
221	15	Saint Athanase	I	"	"	"	"	"	"	"	441	"
	16		II	"							528	"
222	17	Saint Basile	I	"	"	"	"	"	"	"	222	"
	18		II	"								"
223	19	St Cyrille de Jérusalem	I	"	"	"	"	"	"	"	"	"
224	20	St Grégoire de Naziance	I	"	"	"	"	"	"	"	294	"
	21		II	"							420	"
225	22	Pères du Désert	I	"	"	"	"	"	"	"	410	1
226	23	Saint Epiphane	I	"	"	"	"	"	"	"	130	1
227	24	St Grégoire de Nysse	I	"	225	"	225	« 20	"	45 "	150	"
	25		II	225							220	"
	26		I	"							210	2
	27		II	250							250	3
	28		III	300							180	3
	29		IV	425							60	3
228	30	Saint Chrysostôme	V	474	2.985	"	2.985	« 20	" "	597 "	60	3
	31		VI	414							60	4
	32		VII	438							60	3
	33		VIII	402							60	3
	34		IX	282							120	4
229	35	Synésius	I	571	571	571	"	« 50	" "	285 50	323	"
	36		I	291							606	5
	37		II	"							606	2
230	38	St Cyrille d'Alexandrie	III	"	1.571	"	1.571	« 20	" "	314 20	723	.
	39		IV	492							700	2
	40		V	788							140	"
	41		I	1.032		2.007	"	« 50	1.003 50	1.127 50	180	2
231	42	St Nil et Théodoret	II	669	2.627	"	"				135	2
	43		III	926			620	« 20	124 "		116	"
		À Reporter			17.955	10.498	7.437			5.893 05	8460	43

Ordre général des ouvrages	Connexion	Auteurs formant la Collection	Nombre de tomes de chaque ouvrage	Nombre des Volumes de Chaque Tome	Total des Volumes	Volumes formant deux exemplaires complets	Volumes dépareillés	Estimation par volume	Estimation Totale		Estimation Réunion		Volumes avariés portés pour mémoire	Volumes reliés
		Report			17.955	10.498	7.457				5.893	05	8.460	43
232	44	Basile de Séleucie ou Léonce	I	1.072	2.227	2.144		" 30	648	20	659	80	130	"
	44 bis		II	1.155			83	" 20	16	60			130	"
233	45	St Jean Climaque	I	964	964	954		" 30	"	"	289	20	70	"
234	46	Saint Maxime	I	1.056	1.056	1.056		" 30	"	"	316	80	108	"
235	47	St Jean Damascène	I	990	2178	1.980		" 30	594	"	633	60	144	"
	48		II	1.188			198	" 20	39	60			30	"
236	49	Léonce	I	1.054	1.054	1.054		" 25			263	50	40	3
237	50	Procope de Gaza	I	288	288	288		1 "			288	"	30	"
238	51	St Germain de Constantinople	I	827	827	827		" 40			330	80	40	
239	52	Photius	I	510	2.223	1.580		" 50	765	"	908	60	42	"
	53		II	861		"							120	
	54		III	852		"	698	" 20	138	60				
240	55	Les deux Nicétas	I	1050	1.050	1.050		" 30	"	"	215	"	49	9
241	56	Léon le Philosophe	I	992	992	992		" 30	"	"	247	60	32	9
242	57	Hamartolus	I	1.173	1.173	1.173		" 30	"	"	351	90	35	2
243	57 bis	Nicolas de Constantinople	I	1.328	1.328	1.328		" 25	"	"	332	"	"	"
244	58	Constantin Porphyrogénète	I	876	876	876		" 30	"	"	262	80	12	4
245	59	Œcumenius	I	1.269	1.269	1.269		" 25			317	25	18	3
246	60	Siméon Métaphraste	I	825	1.701	1.650		" 30	495	"	505	20		3
	60 bis		II	876			51	" 20	10	20				"
247	61	Léon Diacre	I	1.395	1.395	1.395		" 25	"	"	348	75		1
248	62	Cedrenus et Psellus	I	846	846	846		" 30	"	"	253	80		3
249	63	Théophylacte	I	684	1.404	1.368		" 35	478	80	486	"		4
	64		II	720		"	36	" 20	7	20				2
250	65	Nicéphore Bryenne	I	766	1.540	1.532		" 30	459	60	461	20		"
	66		II	774		"	8	" 20	1	60				
251	67	Théophane Cérameus	I	720	720	720		" 30	"	"	216			
252	68	Jean Zonaras	I	546	546	546		" 35			191	10		
253	69	Nicétas Choniatès	I	612	612	612		" 30			183	60	12	
254	70	Balsamon	I	648	648	648		" 30			194	40		
255	71	Veccus	I	594	594	594		" 30			178	20		
256	72	Pachymères	I	1.242	1.242	1.242		" 25			310	50		
257	73	Nicéphore Calliste	I	1.446	2.238	1.584		" 40	633	60	764	40		1
	73 bis		II	792			654	" 20	130	80				
258	74	Nicéphore Grégoras	I	794	794	794		" 30			238	20		
259	75	Jean Cantacuzène	I	1.270	1.270	1.270		" 20			254	"		
260	76	Manuel Calécas	I	609	609	609		" 25			152	25		1
261	77	Siméon de Thessalonique	I	800	800	800		" 20			160	"	16	
262	78	Ducas	I	721	721	721		" 20			144	20	28	
263	79	Chalcocondyle	I	1.355	1.355	1.355		" 20			271	"		
264	80	Gennade	I	1.456	1.456	1.456		" 20			291	20		
265	81	Bessarion	I	730	730	730		" 25			182	50		
		Total			56.681	47.501	9.180				17.241	40	9.546	92

	Volumes	Estimation
Volumes en Magasin	56.681	17.241ˢ 40
2 Exemplaires complets en reliure ...	170	85ˢ "
Reliure diverse	92	46ˢ "
Total	56.943	17.370ˢ 40

Volumes avariés (pour mémoire) : 9546.

Première Encyclopédie.

50 Tomes répandus en 52 volumes.

Ordre général des ouvrages	Composition	Dictionnaires formant la Collection	Nombre des tomes de chaque ouvrage	Nombre de Volumes de Chaque tome	Total des Volumes	Volumes formant des exemplaires complets	Volumes dépareillés	Estimation par volume	Estimation Totale		Estimation Réunion		Volumes reliés
266	1	Dictionnaire de la Bible	I	276	1.326	1.104	"	.50	552	"	596	40	3
	2		II	330									3
	3		III	306		"	222	.20	44	40			3
	4		IV	414									2
267	5	Dictionnaire de Philologie	I	7	39	"	39	.20	"	"	7	80	2
	6		II	16									2
	7		III	"									2
	7bis		IV	16									3
268	8	Dictionnaire de Liturgie	I	228	228	228	"	1.50	"	"	342	"	2
269	9	Dictionnaire du Droit-Canon	I	270	546	540	"	1.	540	"	541	20	3
	10		II	276		"	6	.20	1	20			4
270	11	Dictionnaire des Hérésies	I	455	689	468	"	1.	468	"	512	20	5
	12		II	234		"	221	.20	44	20			2
271	13	Dictionnaire des Conciles	I	"	"	"	"	"	"	"	"	"	2
	14		II	"		"	"	"	"	"			3
272	15	Dictionnaire des Rites	I	427	1.255	1.062	"	.50	531	"	569	60	1
	16		II	474		"	"						2
	17		III	354		"	193	.20	38	60			1
273	18	Dictionnaire des Cas de Conscience	I	330	606	552	"	.60	331	20	342	"	1
	19		II	276		"	54	.20	10	80			1
274	20	Dictionnaire des Ordres Religieux	I	"	858	"	858	.20	"	"	170	60	2
	21		II	408									2
	22		III	355									2
	23		IV	90									1
275	24	Dictionnaire des Religions	I	3	569	"	"	"	"	"	159	40	2
	25		II	20		12	"	4.	48	"			3
	26		III	132		"	557	.20	111	40			3
	27		IV	414									3
276	28	Dictionnaire de Géographie	I	414	1.104	756	"	1.	756	"	825	60	1
	29		II	438		"	"						1
	30		III	252		"	348	.20	69	60			"
277	31	Dictionnaire de Théologie Morale	I	312	558	492	"	1.	492	"	505	20	2
	32		II	246		"	66	.20	13	20			2
278	33	Dictionnaire de Théologie dogmatique	I	"	"	"	"	"	"	"	"	"	1
	34		II	"		"	"	"	"	"			"
	35		III	"		"	"	"	"	"			5
	35bis		IV	"		"	"	"	"	"			"
279	36	Dictionnaire de Jurisprudence	I	408	1.182	1.098	"	.60	658	80	675	60	1
	37		II	408		"	"						1
	38		III	366		"	84	.20	16	20			2
280	39	Dictionnaire des Passions	I	360	360	360	"	1.	"	"	360	"	2
		À Reporter			9.315	6.672	2.643				5.607	60	33

Première Encyclopédie (suite)

Ordre Général des Ouvrages	Cotations	Dictionnaires formant la Collection	Nombre des Tomes de chaque Ouvrage	Nombre des Volumes de Chaque Tome	Total des Volumes	Volumes formant des exemplaires complets	Volumes dépareillés	Estimation par volume	Estimation Totale		Estimation Réunion		Volumes reliés
		Report			9.315	6.672	2.643				5.607	60	83
281	40	Dictionnaire d'hagiographie	I	468	498	60	"	3..	180	"	267	60	3
	41		II	30		"	438	.20	87	60			3
282	42	Dictionnaire d'Astronomie	I	288	288	288	"	.50	"	"	144	"	2
283	43	Dictionnaire des Pèlerinages	I	"	"	.	'	'	"	"	"	'	2
	44		II	"	"	.	.	.	"	"	"	"	
284	45	Dictionnaire d'Iconographie	I	"	.	.	.	"	"	"	"	"	3
285	46	Dictionnaire de Chimie	I	168	168	168	"	.75	"	"	126	"	2
286	47	Dictionnaire de Diplomatique	I	414	414	414	"	.60	"	"	248	40	2
287	48	Dictionnaire des Sciences Occultes	I	246	444	396	"	1..	396	"	405	60	6
	49		II	198			48	.20	9	60			4
288	50	Dictionnaire de Géologie	I	"	"	"	"	"	"	"	"	"	4
		Total			11.127	7.998	3.129				6.799	20	116

	Volumes.	Estimation.
Volumes en Magasin	11.127	6.799^s 20
Reliure	116	58^s
Total	11.243	6.857^s 20

Deuxième Encyclopédie.

52 Tomes répandus en 53 Volumes.

Ordre général des ouvrages	Réunion	Dictionnaires formant la Collection	Nombre des Tomes de chaque ouvrage	Nombre des volumes de Chaque tome	Total des Volumes	Volumes formant des Exemplaires complets	Volumes dépareillés	Estimation par Volume	Estimation Totale		Estimation Réunion		Volumes reliés
	1		I	"	"	"	"	"	"	"	"	"	1
289	2	Dictionnaire de Biographie	II	"	"	"	"	"	"	"	"	"	1
	3		III	"	"	"	"	"	"	"	"	"	1
	4		I	384									3
290	5	Dictionnaire des Persécutions	II		384	"	384	" 20	"	"	768	"	2
291	6	Dictionnaire d'Eloquence	I	378	378	378	"	" 60	"	"	226	80	2
292	7	Dictionnaire de Littérature	I	444	444	444	"	" 50	"	"	222	"	3
293	8	Dictionnaire de Botanique	I	294	294	294	"	" 60	"	"	176	40	4
294	9	Dictionnaire de Statistique	I	"	"	"	"	"	"	"	"	"	4
295	10	Dictionnaire d'Anecdotes	I	228	228	228	"	" 80	"	"	182	40	1
	11		I	330		660	"	1. "	660	"			1
296	12	Dictionnaire d'Archéologie	II	432	762	"	102	" 20	20	40	682	40	"
297	13	Dictionnaire d'héraldique	I	288	288	288	"	1. "	"	"	288	"	"
	14		I	"				"	"				2
298	15	Dictionnaire de Zoologie	II	9	26	"	26	" 20	"	"	5	20	2
	16		III	17				"	"				2
299	17	Dictionnaire de Médecine	I	282	282	282	"	" 75	"	"	211	50	1
300	18	Dictionnaire des Croisades	I	30	30	30	"	2. "	"	"	60	"	1
301	19	Dictionnaire des Erreurs Sociales	I	378	378	378	"	" 60	"	"	226	80	1
	20		I	480									2
	21		II	404									3
302	22	Dictionnaire de Patrologie	III	432	1.688	"	1.688	" 20	"	"	337	60	2
	23		IV	"									2
	23bis		V	372									3
	24		I	738									2
303	25	Dictionnaire des Prophéties	II	"	738	"	738	" 20	"	"	147	60	2
304	26	Dictionnaire des Décrets	I	354	354	354	"	" 80	"	"	283	20	2
305	27	Dictionnaire des Indulgences	I	774	774	774	"	" 50	"	"	387	.	2
306	28	Dictionnaire d'Agriculture	I	678	678	678	"	" 50	"	"	339	"	3
307	29	Dictionnaire de Musique	I	258	258	258	"	" 80	"	"	206	40	1
	30		I	192		384	"	1. "	384	"			2
308	31	Dictionnaire d'Epigraphie	II	198	390	"	6	" 20	1	20	385	20	2
309	32	Dictionnaire de Numismatique	I	"	"	"	"	"	"	"	"	"	3
310	33	Dictionnaire des Conversions	I	354	354	354	"	" 40	"	"	341	60	2
311	34	Dictionnaire d'Education	I	768	768	768	"	" 40	"	"	307	20	2
	35		I	318		636	"	" 60	381	60			2
312	36	Dictionnaire des Découvertes	II	324	642	"	6	" 20	1	20	382	80	2
313	37	Dictionnaire d'Ethnographie	I	170	170	170	"	" 75	"	"	127	50	3
	38		I	"	"	"	"	"	"	"	"	"	"
314	39	Dictionnaire des Apologistes involontaires	II	"	"	"	"	"	"	"	"	"	1
	40		I	216		396	"	1. "	396	"			3
315	41	Dictionnaire des Manuscrits	II	198	414	"	18	" 20	3	60	399	60	3
		à Reporter			11.222	8.254	2.968				6.692	20	31

Index général des Ouvrages	Cotisation	Dictionnaires formant la Collection	Nombre des Tomes de chaque Ouvrage	Nombre des Volumes de chaque Tome	Total des Volumes	Volumes formant des exemplaires complets	Volumes dépareillés	Estimation par volume	Estimation Totale		Estimation Réunion		Volumes reliés
		Reports			11.222	8.254	2.968				6.692	20	81
316	42	Dictionnaire d'Anthropologie	I	"	"	"	"	"	"	"	"	"	2
317	43	Dictionnaire des Mystères	I	132	132	132	"	1. "	"	"	132	"	3
318	44	Dictionnaire des Merveilles	I	"	"	"	"	"	"	"	"	"	3
319	45	Dictionnaire d'Ascétisme	I	750	1.522	1.500	"	" 50	750	"	754	40	8
	46		II	772		"	22	" 20	4	40			2
320	47	Dictionnaire de Paléographie	I	"	"	"	"	"	"	"	"	"	4
321	48	Dictionnaire de Cosmogonie	I	54	54	54	"	1.50	"	"	81	"	4
322	49	Dictionnaire de l'art de vérifier les Dates	I	"	"	"	"	"	"	"	"	"	1
323	50	Dictionnaire des Confréries	I	132	132	132	"	" 80	"	"	105	60	5
324	51	Dictionnaire d'Apologétique	I	680	1.398	1.360	"	" 40	544	"	551	60	1
	52		II	718		"	38	" 20	7	60			2
		Total			14.460	11.432	3.028				8.316	80	111

	Volumes	Estimation
Volumes en magasin	14.460	8.316^s 80
Reliure	111	55^s 50
Total	14.571	8.372^s 30

§ VIᵉ

Troisième Encyclopédie.

66 Volumes.

Ordre général des Ouvrages	Combinaison	Dictionnaires formant la Collection	Nombre des Tomes de chaque Ouvrage	Nombre des Volumes de chaque tome	Total des Volumes	Volumes formant des Exemplaires complets	Volumes formant des Exemplaires dépareillés	Estimation Par Volume	Estimation Totale		Estimation Réunion		Volumes Reliés
	1		I	554		1.629	″	″.50	814	50			2
325	2	Dictionnaire des Sciences Politiques.	II	543	1.647	″	″				818	10	3
	3		III	550		″	18	″.20	3	60			3
326	4	Dictionnaire des Musées.	I	460	460	460	″	″.55	″	″	253	″	3
	5		I	348									2
327	6	Dictionnaire d'Économie charitable.	II	336		1.344	″	″.60	806	40			2
	7		III	364	1.504	″	160	″.20	32	″	838	40	2
	8		IV	456									2
328	9	Dictionnaire des Bienfaits.	I	240	240	240	″	″.80	″	″	192	″	1
329	10	Dictionnaire de Mythologie.	I	384	384	384	″	″.80	″	″	307	20	2
330	11	Dictionnaire de Sagesse Populaire	I	408	408	408	″	″.70	″	″	285	60	2
331	12	Dictionnaire de Tradition.	I	474		916	″	″.60	549	60			2
	13		II	458	932	″	16	″.20	3	20	552	80	2
332	14	Dictionnaire des Légendes.	I	″	″	″	″		″	″	″	″	2
333	15	Dictionnaire des Origines.	I	372	372	372	″	″.75	″	″	279	″	1
334	16	Dictionnaire des Abbayes	I	194	194	194	″	1.	″	″	194	″	1
335	17	Dictionnaire d'Esthétique	I	372	372	372	″	″.60	″	″	223	20	1
336	18	Dictionnaire d'Antiphilosophisme.	I	522	522	522	″	″.50	″	″	261	″	2
337	19	Dictionnaire des Harmonies.	I	80	80	80	″	1. ″	″	″	80	″	1
338	20	Dictionnaire des Superstitions.	I	235	235	235	″	″.60	″	″	141	″	2
339	21	Dictionnaire de Théologie Scolastiq.	I	306		612	″	″.80	489	60			4
	22		II	624	930	″	318	″.20	63	60	553	20	2
340	23	Dictionnaire des Apocryphes.	I	276		528	″	″.85	448	80			1
	24		II	264	540	″	12	″.20	2	40	451	20	1
341	25	Dictionnaire de Discipline	I	354		708	″	″.60	424	80			2
	26		II	408	762	″	54	″.20	10	80	435	60	2
342	27	Dictionnaire d'Orfèvrerie.	I	138	138	138	″	1. ″	″	″	138	″	2
343	28	Dictionnaire de Technologie.	I	512		6	″	4. ″	24	″			1
	29		II	3	515	″	509	″.20	101	80	125	80	2
344	30	Dictionnaire des Sciences Physiques	I	252	252	252	″	″.75	″	″	189	″	1
345	31	Dictionnaire des Cardinaux.	I	450	450	450	″	″.50	″	″	225	″	2
346	32	Dictionnaire des Papes.	I	39	39	39	″	2. ″	″	″	78	″	2
347	33	Dictionnaire des Objections populaires.	I	10	10	10	″	2.50	″	″	25	″	2
348	34	Dictionnaire de Linguistique.	I	414	414	414	″	″.60	″	″	248	40	3
349	35	Dictionnaire de Mystique	I	″	″	″	″	″	″	″	″	″	2
350	36	Dictionnaire de Protestantisme	I	″	″	″	″	″	″	″	″	″	2
351	37	Dictionnaire des Preuves de la Divinité.	I	837	837	837	″	″.50	″	″	418	50	1
352	38	Dictionnaire du Parallèle	I	″	″	″	″	″	″	″	″	″	1
	39		I	″									1
353	40	Dictionnaire de Bibliographie	II	″	1.000	″	1000	″.20	″	″	200	″	″
	41		III	1.000									1
	42		IV	″									″
		À Reporter......			13.237	11.150	2.087				7.513	00	73

Troisième Encyclopédie (Suite).

Ordre Général des Ouvrages	Continuation	Dictionnaires formant la Collection	Nombre des Tomes de Chaque Ouvrage	Nombre des Volumes de Chaque Tome	Total des Volumes	Volumes formant des Exemplaires complets	Volumes dépareillés	Estimation Par Volume	Estimation Totale		Estimation Réunion		Volumes à Relier
		Reports......			13.237	11.150	2.087				7.513	00	73
354	43	Dictionnaire de Bibliologie	I	270	606	540	"	1. „	540	„	553	20	2
	44		II	336		"	66	„.20	13	20			2
355	45	Dictionnaire des Antiquités bibliques	I	"		"	"	"	"	"	"	"	2
356	46	Dictionnaire des Savants et des Ignorants	I	42	90	84	"	2. „	168	"	169	20	10
	47		II	48		"	6	„.20	1	20			11
357	48	Dictionnaire de Philosophie	I	444	882	576	"	1. „	576	"			3
	49		II	246		"	"				637	20	2
	50		III	192		"	306	„.20	61	20			2
358	51	Dictionnaire de l'hist. Ecclésiastique	I	114	1.688	684	"	1. „	684	"			9
	52		II	132									2
	53		III	144							884	80	2
	54		IV	212		"	1.004	„.20	200	80			1
	55		V	360									1
	56		VI	726									1
359	57	Dictionnaire des Droits de la Raison	I	270	270	270	"	„.60	"	"	162	"	2
360	58	Dictionnaire de Physiologie	I	158	158	158	"	„.80	"	"	126	40	2
361	59	Dictionnaire des Missions	I	390	714	648	"	„.80	518	40	531	60	2
	60		II	324		"	66	„.20	13	20			2
362	61	Dictionnaire des Leçons de Littérature	I	306	1.086	612	"	„.80	489	60	584	40	1
	62		II	780		"	474	„.20	94	80			3
363	63	Dictionnaire des Cantiques	I	396	396	396	"	„.80	"	"	316	80	1
364	64	Dictionnaire du droit civil Ecclésiastique	I	1.260	2.520	2.520	"	„.40	"	"	1.008	"	"
	65		II	1.260									"
365	66	Dictionnaire des Controverses historiques	I	408	408	408	"	„.60	"	"	244	80	1
					22.055	18.046	4.009				12.731	40	137

	Volumes	Estimation
Volumes en Magasin..............	22.055	12.731 l 40
Reliure........................	137	68.50
Total..........	22.192	12.799 l 10

§ VII.e

Orateurs Sacrés.

100 Volumes. (Le Tome 100 n'a jamais paru).

Ordre Général des Ouvrages	Tomaison	Auteurs formant la Collection.	Nombre des Tomes de chaque Ouvrage	Nombre de Volumes de chaque tome	Total des Volumes	Volumes formant des Exemplaires complets.	Volumes dépareillés	Estimation Par Volume	Estimation Totale		Réunion		Volumes Reliés
366	1	Camus	I	„	„	„	„	„	„	„	„	„	5
367	2	de Lingendes	I	456	456	456	„	„.40	„	„	182	40	6
	3		I	108		234	„	1.„	234	„			3
368	4	Lejeune	II	78	288	„	„				244	80	3
	5		III	102		„	54	„.20	10	80			3
	6		I	462		312	„	1.„	312	„			3
369	7	Bourzeis et de la Colombière	II	156	618	„	306	„.20	61	20	373	20	3
	8		I	16		32	„	2.„	64	„			4
370	9	de Fromentières	II	18	34	„	2	„.20	„	40	64	40	5
	10		I	48		96	„	1.„	96	„			4
371	11	Mainbourg et Treuvé	II	78	126	„	30	„.20	6	„	102	„	4
372	12	Cheminais	I	210	210	210	„	„.30	„	„	63	„	3
373	13	Giroust	I	546	546	546	„	„.20	„	„	109	20	3
	14		I	120		342	„	1.„	342	„			3
374	15	Bourdaloue	II	114	366	„	„				346	80	2
	16		III	132		„	24	„.20	4	80			2
	17		I	414		1.026	„	„.50	513	„			4
375	18	Richard l'Avocat	II	414	1.170	„	„				541	80	4
	19		III	342		„	144	„.20	28	80			4
	20		I	48		144	„	1.„	144	„			3
376	21	Anselme	II	48	192	„	„				153	60	3
	22		III	96		„	48	„.20	9	60			3
377	23	Fléchier	I	432	432	432	„	„.60	„	„	259	20	3
	24		I	96		192	„	1.50	„	„	288	„	2
378	25	Bossuet	II	96	192	192	„						2
379	26	Delaroche	I	16	16	16	„	1.50	„	„	24	„	3
380	27	Hubert	I	15	15	15	„	1.50	„	„	22	50	3
381	28	Fénelon et la Rue	I	252	252	252	„	„.60	„	„	151	20	2
382	29	Les deux Terrasson	I	600	600	600	„	„.40	„	„	240	„	4
383	30	Dom. Jérôme	I	126	126	126	„	„.60	„	„	75	60	3
384	31	Lorin-Jérôme de Paris	I	128	128	128	„	„.60	„	„	76	80	2
385	32	Claude Joly	I	102	102	102	„	„.70	„	„	71	40	3
386	33	Séraphin de Paris	I	324	324	324	„	„.60	„	„	194	40	2
387	34	La Boissière - La Parisière	I	312	312	312	„	„.60	„	„	187	20	2
388	35	De la Chétardie	I	216	216	216	„	„.70	„	„	151	20	3
	36		I	132		240	„	1.„	240	„			2
389	37	Houdry	II	120	252	„	12	„.20	2	40	242	40	2
390	38	Bertal	I	360	360	360	„	„.60	„	„	216	„	2
	39		I	336		672	„	„.60	403	20	404	40	3
391	40	Bourrée et Soanen	II	342	678	„	6	„.20	1	20			2
392	41	Bretonneau	I	258	258	258	„	„.65	„	„	167	70	2
		A Reporter...			8.269	7.643	626				4.953	20	124

Ordre Général des Ouvrages	Fournaison	Auteurs formant la Collection.	Nombre de Tomes de chaque ouvrage	Nombre des Volumes de chaque Tome	Total des Volumes	Volumes formant des Exemplaires complets	Volumes dépareillés	Estimation Par Volume	Estimation Totale		Estimation Réunion		Volumes Retirés
		Reporté.....			8.269	7.643	626				4.953	20	124
393	42	Massillon	I	"	12	"	-12	n.20	"	"	2	40	3
	43		II	12									4
394	44	J. B. Molinier	I	330	660	660	"	n.70	"	"	462	"	3
	45		II	330									3
395	46	Pallu	I	282	282	282	"	n.70	"	"	197	40	2
396	47	Ségaud et Dutreul	I	162	162	162	"	n.70	"	"	113	40	2
397	48	Daniel de Paris	I	294	294	294	"	n.70	"	"	205	80	2
398	49	Ballet et Surian	I	366	738	732	"	n.60	439	20	440	40	2
	50		II	372		"	6	n.20	-1	20			3
399	51	Sensaric	I	324	324	324	"	n.60	"	"	194	40	2
400	52	Lafitéau et Séguy	I	348	348	348	"	n.60	"	"	208	80	4
401	53	La Tour du Pin	I	288	288	288	"	n.60	"	"	172	80	2
402	54	d'Alègre, Clément	I	294	456	324	"	1."	324	"	350	40	2
	55		II	162		"	132	n.20	26	40			4
403	56	Griffet	I	234	234	234	"	n.60	"	"	140	40	2
404	57	Les deux Neuville	I	72	72	72	"	1."	"	"	72	"	1
405	58	Laberthonie	I	378	378	378	"	n.60	"	"	226	80	3
406	59	Le Chapelain	I	318	318	318	"	n.60	"	"	190	80	3
407	60	De la Tour	I	"	265	"	265	n.20	"	"	53	"	3
	61		II	140									2
	62		III	125									2
408	63	Géry et Asselin	I	407	407	407	"	n.50	"	"	203	50	4
409	64	Marolles	I	306	306	306	"	n.60	"	"	183	60	3
410	65	Feller	I	372	372	372	"	n.60	"	"	223	20	3
411	66	Lecouturier	I	336	336	336	"	n.60	"	"	201	60	4
412	67	Le P. Richard	I	402	402	402	"	n.50	"	"	201	"	3
413	68	Montmorel	I	210	210	210	"	n.60	"	"	126	"	7
414	69	Dessaurets	I	348	348	348	"	n.50	"	"	174	"	4
415	70	Lenfant	I	180	180	180	"	n.65	"	"	117	"	4
416	71	de Beauvais	I	234	234	234	"	n.60	"	"	140	40	3
417	72	de Boisgelin	I	324	324	324	"	n.50	"	"	162	"	4
418	73	Legris Duval	I	114	114	114	"	1."	"	"	114	"	6
419	74	de Boulogne	I	84	84	84	"	1."	"	"	84	"	5
420	75	Borderies Doucet	I	96	96	96	"	1."	"	"	96	"	6
421	96	Robinot	I	294	294	294	"	n.55	"	"	161	70	3
422	77	Frayssinous	I	1.450	1.450	1.450	"	n.20	"	"	290	"	5
423	78	Boyer	I	264	264	264	"	n.50	"	"	132	"	4
424	79	Caffort	I	258	258	258	"	n.60	"	"	154	80	4
425	80	Tailland	I	282	282	282	"	n.60	"	"	169	20	5
426	81	Bonnet du Pont	I	20	20	20	"	1.50	"	"	30	"	4
427	82	Le Cardinal Villecourt	I	"	"	"	"	"	"	"	"	"	4
428	83	Depéry	I	600	600	600	"	n.25	"	"	150	"	5
429	84	Rivet	I	"	"	"	"	"	"	"	"	"	4
		A Reporter......			19.681	18.640	1.041				11.098	00	272

Ordre Général des Ouvrages	Formaison	Auteurs formant la Collection.	Nombre des tomes de chaque Ouvrage	Nombre des Volumes de chaque tome	Total des Volumes.	Volumes formant des Exemplaires complets.	Volumes dépareillés.	Estimation. Par Volume	Estimation. Totale		Estimation. Réunion		Volumes Reliés.
		Reports......			19.681	18.640	1.041				11.098	"	272
430	85	Jolly	I	"	"	"	"	"	"	"	"	"	3
431	86	Lecourtier	I	"	"	"	"	"	"	"	"	"	2
432	87	Rossi de Genoude	I	204	204	204	"	".60	"	"	122	40	6
433	88	Thomas à Kempis	I	384	384	384	"	".50	"	"	192	"	3
434	89	Gambard & Beuvelet	I	234	234	234	"	".60	"	"	140	40	3
435	90	de Rancey	I	300	300	300	"	".50	"	"	150	"	3
436	91	Monmorel	I	264	600	528	"	".60	316	80	331	20	4
	92		II	336		"	72	".20	14	40			4
437	93	Lambert	I	288	288	288	"	".60	"	"	172	80	3
438	94	de Fitz-James	I	258	258	258	"	".60	"	"	154	80	3
439	95	Billot	I	234	234	234	"	".60	"	"	140	40	3
440	96	de Brilonde	I	246	246	246	"	".60	"	"	147	60	3
441	97	Carrelet	I	382	382	382	"	".50	"	"	191	"	3
442	98	Cochin	I	222	222	222	"	".60	"	"	133	20	2
443	99	Reyre	I	258	258	258	"	".60	"	"	154	80	3
444	100	Règles de la Prédication	I	"	"	"	"	"	"	"	"	"	"
					23.291	22.178	1.113				13.128	60	321

	Volumes.	Estimation.
Volumes en Magasin..............	23.291	13.128 f. 60
Reliure!.............................	321	160. 50
Total................	23.612	13.289 f. 10

§ VIIIᵉ

Cours d'Écriture Sainte

28 Volumes, plus un Atlas.
Prix fort : 5ᶠ, et 6ᶠ pour l'Atlas.

Ordre Général des Ouvrages	Livraison	Nombre des Exemplaires de chaque Tome	Estimation Par Volume	Estimation Totale		Volumes Reliés
445	1	568	n.20	113	60	1
446	2	540	n.20	108	n	1
447	3	n	n	n	n	n
448	4	n	n	n	n	n
449	5	628	n.20	125	60	1
450	6	646	n.20	129	20	n
451	7	578	n.20	115	60	n
452	8	586	n.20	117	20	n
453	9	582	n.20	116	40	n
454	10	572	n.20	114	40	n
455	11	628	n.20	125	60	1
456	12	608	n.20	121	60	n
457	13	633	n.20	126	60	n
458	14	586	n.20	117	20	n
459	15	563	n.20	112	60	n
460	16	n	n	n	n	n
461	17	670	n.20	134	n	n
462	18	636	n.20	127	20	n
463	19	641	n.20	128	20	n
463 bis	20	n	n	n	n	n
464	21	572	n.20	114	40	1
465	22	655	n.20	131	n	n
466	23	560	n.20	112	n	1
467	24	516	n.20	103	20	n
468	25	n	n	n	n	n
469	26	530	n.20	106	n	1
470	27	n	n	n	n	n
471	28	n	n	n	n	n
472 (Atlas)		160	0.20	32	n	n
		12.658		2.531	60	7

	Volumes	Estimation
Volumes en Magasin...	12.658	2.531ᶠ 60
Reliure	7	3.50
Total....	12.665	2.535ᶠ 10

§ IXᵉ

Cours de Théologie

28 Volumes.
Prix fort : 5ᶠ — Vol. 28 : 3 Fᵤ.

Ordre Général des Ouvrages	Livraison	Nombre des Exemplaires de chaque Tome	Estimation Par Volume	Estimation Totale		Volumes Reliés
473	1	n	n n	n	n	2
474	2	586	n.20	117	20	1
475	3	n	n	n	n	2
476	4	662	n.20	132	40	1
477	5	693	n.20	138	60	1
478	6	548	n.20	109	60	1
479	7	695	n.20	139	n	2
480	8	54	n.20	10	80	1
481	9	450	n.20	90	n	1
482	10	602	n.20	120	40	1
483	11	n	n	n	n	n
484	12	694	n.20	138	80	2
485	13	n	n	n	n	1
486	14	632	n.20	126	40	2
487	15	620	n.20	124	n	1
488	16	566	n.20	113	20	1
489	17	694	n.20	138	80	1
490	18	360	n.20	72	n	2
491	19	680	n.20	136	n	1
492	20	1.450	n.20	290	n	1
493	21	694	n.20	138	80	1
494	22	n	n	n	n	n
495	23	750	n.20	150	n	2
496	24	n	n	n	n	1
497	25	n	n	n	n	n
498	26	566	n.20	113	20	1
499	27	594	n.20	118	80	1
500	28	588	n.20	117	60	1
		13.178		2.635	60	32

	Volumes	Estimation
Volumes en Magasin.	13.178	2.635ᶠ 60
Reliure	32	16. "
Total.......	13.210	2.651ᶠ 60

§ Xe. Histoire Ecclésiastique.
27 Volumes.

Le Tome 24 est sous presse. Les Tomes 25, 26 et 27 n'ont pas encore paru.

Prix fort : 6l.

Ordre Général des Ouvrages	Tomaison	Nombre des Exemplaires de chaque Tome	Estimation Par Volume	Estimation Totale		Volumes Reliés
501	1	840	0l.20	168	"	"
502	2	846	0.20	169	20	"
503	3	870	0.20	174	"	"
504	4	"	"	"	"	"
505	5	"	"	"	"	"
506	6	"	"	"	"	"
507	7	960	0.20	192	"	"
508	8	"	"	"	"	"
509	9	"	"	"	"	"
510	10	"	"	"	"	"
511	11	966	0.20	193	20	"
512	12	96	0.20	19	20	"
513	13	728	0.20	145	60	1
514	14	1.398	0.20	279	60	1
515	15	"	"	"	"	"
516	16	"	"	"	"	"
517	17	"	"	"	"	1
518	18	396	0.20	79	20	3
519	19	444	0.20	88	80	3
520	20	480	0.20	96	"	1
521	21	560	0.20	112	"	2
522	22	666	0.20	133	20	"
523	23	500	0.20	100	"	"
524	24	500	0.20	100	"	"
525	25	"	"	"	"	"
526	26	"	"	"	"	"
527	27	"	"	"	"	"
		10.250		2.050	00	12

	Volumes	Estimation
Volumes en Magasin....	10.250	2.050. "
Reliure de 3 Exempl. en 22 Vol....	66	33. "
Reliure Diverse..........	12	6. "
Total........	10.328	2.089l. "

§ XIe. Démonstrations Evangéliques.
20 Volumes.

Prix fort : 6l.

Un Exemplaire est en Reliure.

Ordre Général des Ouvrages	Tomaison	Nombre des Exemplaires de chaque Tome	Estimation Par Volume	Estimation Totale		Volumes Reliés
528 Introduction		632	0l.20	126	40	1
529	1	"	"	"	"	"
530	2	"	"	"	"	"
531	3	44	0.20	8	80	"
532	4	786	0.20	157	20	"
533	5	636	0.20	127	20	"
534	6	804	0.20	160	80	"
535	7	522	0.20	104	40	"
536	8	726	0.20	145	20	"
537	9	792	0.20	158	40	"
538	10	762	0.20	152	40	"
539	11	810	0.20	162	"	"
540	12	774	0.20	154	80	"
541	13	756	0.20	151	20	"
542	14	733	0.20	146	60	"
543	15	12	0.20	2	40	"
544	16	"	"	"	"	"
545	17	"	"	"	"	"
546	18	635	0.20	127	"	"
546 bis Conclusion.		669	0.20	133	40	"
		10.091		2.018	20	1

	Volumes	Estimation
Volumes en Magasin....	10.091	2.018l.20
Reliure d'un Exemplaire...	20	10. "
Reliure Diverse..........	1	0.50
Total......	10.112	2.028l.70

§ XII.ᵉ

Œuvres Diverses.

Ordre général des ouvrages	Auteurs formant la Collection	Nombre des tomes de chaque ouvrage	Nombre des Volumes de chaque tome	Total des Volumes	Volumes formant des exemplaires complets	Volumes dépareillés	Estimation					Volumes reliés
							par volume	Totale		Réunion		
547	Somme de St Thomas	I	2.000									5
		II	48	2.117	88		3 .	264	.	669	80	5
		III	47			2.029	.20	405	80			6
		IV	22									6
548	Badoire	I	102	102	102	.	.90	.	.	91	80	2
549	Saint François de Sales	I	295									
		II	275									
		III	280									
		IV	294		2.106		.70	1.474	20			
		V	260	2.718						1.596	60	
		VI	285			612	.20	122	40			
		VII	234									
		VIII	264									
		IX	531									
550	Boudon	I	350		1.008		.60	604	80			7
		II	336	1.026						608	40	7
		III	340			18	.20	3	60			7
551	Bossuet	I	924									2
		II	936									4
		III	940									2
		IV	940									3
		V	950		7.799		.50	3.899	50			.
		VI	902	10.070						4.353	70	2
		VII	899			2.271	.20	454	20			2
		VIII	932									3
		IX	709									2
		X	936									2
		XI	1.002									4
552	Tronson	I	300		576		.60	345	60			4
		II	288	588		12	.20	2	40	348	.	4
553	de Lantages	I	2.082	2.082	2.082	.	.20	.	.	416	40	4
554	De la Chétardie	I	2.210		4.266		.20	853	20			2
		II	2.133	4.343		77	.20	15	40	868	60	2
555	Fléchier	I	532		1.064		.60	638	40			3
		II	539	1.071		7	.20	1	40	639	80	3
556	De la Tour	I	23									4
		II	20									4
		III	16		112		2 .	224	.			4
		IV	720	2.783						758	20	4
		V	708			2.671	.20	534	20			4
		VI	702									4
		VII	394									4
	A Reporter			26.900	19.208	7.697				10.851	30	121

Ordre général des Ouvrages	Auteurs formant la Collection	Nombre des Tomes de chaque ouvrage	Nombre des volumes de chaque tome	Total des volumes	Volumes formant des exemplaires complets	Volumes dépareillés	Estimation par volume	Estimation Totale (frs)	Estimation Totale (c)	Estimation Réunion (frs)	Estimation Réunion (c)	Volumes reliés
	Reports			26.900	19.208	7.697				10.351	30	121
557	Baudrand	I	924	1.860	1.348	"	.30	554	40	556	80	"
		II	936			12	.20	2	40			
558	Le François	I	852	1.668	1.632	"	.30	489	60	496	80	5
		II	816			36	.20	7	20			
559	de Pressy	I	24	38	28	"	3 .	84	"	86	"	7
		II	14		"	10	.20	2	"			7
560	de Pompignan	I	624	1.254	1.248	"	.35	436	80	438	"	3
		II	630		"	6	.20	1	20			3
561	Bergier	I	378	1.931								2
		II	126									2
		III	156									2
		IV	41		328	"	1 .	328	"	648	60	2
		V	156		"	1.603	.20	320	60			2
		VI	384									2
		VII	372									2
		VIII	313									2
562	Regnier	I	2.248	2.248	2.243	"	.20	"	"	449	60	4
562bis	Thiébault	I	55	3.017								1
		II	75									1
		III	439									1
		IV	478		440	"	1 .	440	"	955	40	1
		V	436		"	2.577	.20	515	40			1
		VI	480									1
		VII	504									1
		VIII	480									1
563	De la Luzerne	I	378	1.776	"	1.776	.20	"	"	355	20	3
		II	348									3
		III	360									3
		IV	378									3
		V	"									3
		VI	312									3
564	Duvoisin	I	650	650	650	"	.20	"	"	130	"	2
565	Arvisenet	I	366	366	366	"	.30	"	"	109	80	1
566	Emery	I	1.940	1.940	1.940	"	.20	"	"	388	"	4
567	Gérard	I	720	2.529	1.128							3
		II	784		"	"	.30	338	40	618	60	3
		III	743		"	1.401	.20	280	20			3
		IV	282									3
568	de Riambourg	I	76	76	76	"	1 .	"	"	76	"	4
569	de Maistre	I	216	216	216	"	.80	"	"	172	80	"
570	de Bonald	I	600	1.802	1.800	"	.40	720	"	720	40	1
		II	600		"	"	"					1
		III	602		"	2	.20	"	40			1
570bis	Lexicon Manuale	I	523	523	523	"	.40	"	"	209	20	"
571	Monuments inédits	I	600	1.200	1.200	"	.40	"	"	480	"	4
		II	600									4
	À Reporter			49.994	34.874	15.120				17.242	50	231

Œuvres Diverses (Suite).

Ordre général des ouvrages	Auteurs formant la Collection	Nombre des tomes de chaque ouvrage	Nombre des Volumes de chaque tome	Total des Volumes	Volumes formant des exemplaires complets	Volumes dépareillés	Estimation par volume	Totale		Réunion		Volumes restés
	Reports			49.994	34.874	15.120				17.242	50	231
572	St Thérèse	I	270		928		1."	928	"			"
		II	300	1.040						950	40	"
		III	238			112	.20	22	40			"
		IV	232									"
573	Recherches historiques	I	285	285	285	.	.75	"	"	213	75	3
574	Perpétuité de la Foi	I	"									1
		II	530	2.021	"	2.021	.20	"	"	404	20	1
		III	265									1
		IV	926									1
575	Pallavicin	I	364		1.092	"	.40	436	80			3
		II	364	1.127	"	"				443	80	3
		III	399		"	35	.20	7	"			3
576	Gerdil	I	432	432	432	"	.35	"	"	151	20	4
577	Perrone	I	162		324	"	.60	194	40			2
		II	198	360	"	36	.20	7	20	201	60	2
578	Fénélon	I	816	816	816	"	.30	"	..	244	80	1
579	Rituel des Rituels	I	426		852	"	.40	340	80			4
		II	462	888	"	36	.20	7	20	348	"	4
580	Summa Aurea	I	536									"
		II	520									2
		III	520									1
		IV	528									1
		V	544									1
		VI	544		4.680	"	.50	2.340	"			1
		VII	576	6.840						2.772	"	1
		VIII	496		"	2.160	.20	432	"			1
		IX	544									2
		X	568									1
		XI	544									2
		XII	560									2
		XIII	360									3
581	Juris Canonici Compendium	I	264		516	"	.80	412	80			"
		II	258	522	"	6	.20	1	20	414	"	"
582	Actes de Paris	I	936	936	936	"	.40	"	"	374	40	45
583	Livres sacrés	I	816		1.584	"	.40	633	60			1
		II	792	1.608	"	24	.20	4	80	638	40	1
584	Satan	I	511	511	511	"	.30	"	"	153	30	1
585	Accord des Faits	I	970	970	970	"	.25	"	"	242	50	4
	À Reporter			68.350	48.800	19.550				24.794	85	334

Côte général des Ouvrages	Auteurs formant la Collection	Nombre des Tomes de Chaque Ouvrage	Nombre des Volumes de chaque Tome	Total des Volumes	Volumes formant des exemplaires complets	Volumes dépareillés	Estimation			Volumes reliés
							par volume	Totale	Réunion	
	Reports			68.350	48.800	19.550			24.794	85	334
586	Lettres de S.t François de Sales	I / II	72 / 72	144	144	"	" 80	"	"	115	20	" / "
587	Missæ Pontificales	I	"	"	"	"		"	"	"	302
588	Index de S.t Thomas	I	355	355	355	"	" 60	"	"	213	"	2
				68.849	49.299	19.550			25.123	05	638

	Volumes	Estimation
Volumes en Magasin	68.849	25.123 ^{f} 05
Reliure	638	319 ^{f} "
Total	69.487	25.442 ^{f} 05

Récapitulation.

		Volumes.	Estimation :	
I	Patrologie Latine	42.652	24.800	90
II	Patrologie Gréco-Latine	62.077	42.873	40
III	Patrologie Grecque en Latin seulement	56.943	17.372	40
IV	Première Encyclopédie	11.243	6.857	20
V	Deuxième Encyclopédie	14.571	8.372	30
VI	Troisième Encyclopédie	22.192	12.799	90
VII	Orateurs Sacrés	23.612	13.289	10
VIII	Cours d'Écriture Sainte	12.665	2.535	10
IX	Cours de Théologie	13.210	2.651	60
X	Histoire Ecclésiastique	10.328	2.089	..
XI	Démonstrations Évangéliques	10.112	2.028	70
XII	Œuvres Diverses	69.487	25.442	05
	Totaux Généraux			
	Des Volumes	349.092	"	"
	Des Estimations	"	161.111	65